www.tredition.de

AF196029

Dewar Adair

Vom Körper zum Überselbst

Über Hatha-Yoga hinaus

www.tredition.de

© 2020 Dewar Adair

Verlag und Druck: tredition GmbH, Halenreie 40-44, 22359 Hamburg

ISBN
Paperback: 978-3-347-09215-0
Hardcover: 978-3-347-09216-7
e-Book: 978-3-347-09217-4

VOM KÖRPER ZUM ÜBERSELBST

Über Hatha-Yoga hinaus

Dewar Adair

Für Thorsten

„Das, was den einzelnen Menschen mit dem Universellen Geist verbindet, nenne ich das Überselbst. Diese Verbindung ist unzerstörbar. Ihre Existenz ist die Hauptgarantie dafür, dass es Hoffnung auf Erlösung für alle gibt, nicht nur für diejenigen, die meinen, sie wird nur ihrer Gruppe gewährt werden."

Paul Brunton[1]

Inhaltsverzeichnis

VORWORT

Über den Hatha-Yoga und den Yoga insgesamt gibt es viele, sehr gute Bücher und Nachschlagewerke, ganz zu schweigen von den unzähligen yogischen Schriften, die von Yogis und ihren Schüler*innen über die Jahrhunderte verfasst worden sind.

Dieses Buch schreibe ich deswegen eher als ein Leitfaden für meine Schüler*innen und für jene, die sich vielleicht nach neuen Sichtweisen jenseits des Yoga-Mainstreams sehnen. Bis auf wenige Ausnahmen enthält es keine Anleitungen zu Asanas oder Pranayama-Techniken. Dazu gibt es sehr gute und ausführliche Praxisbücher.

Es soll vielmehr bei der täglichen Yogapraxis und beim Lesen der spirituellen Schriften eine Orientierung geben, egal ob diese aus der indischen, chinesischen, japanischen, tibetischen Tradition oder aus unserer eigenen ebenso tiefen Tradition im Westen kommen. Wer ernsthaft sucht, wird überall fündig werden.

Die Idee für dieses Buch ist durch meine eigene Praxis und durch meine langjährige Erfahrung als Hatha-Yogalehrer und - vor vielen Jahren - als Aikido-Lehrer entstanden.

Meine eigene Suche mittels der Schriften fing mit der Lektüre des „Tao Te Ching" vom Meister Lao-Tzu an, ein taoistisches Werk, das mich durch mein Leben bis heute noch begleitet. Damals war ich 19 Jahre alt und hatte noch nie etwas vom Taoismus gehört, geschweige denn von der Spiritualität. Ich war überzeugter Marxist und vom „dialektischen Materialismus" begeistert. Die Idee, dass wir alle miteinander verbunden sind und durch uns das ewige, unvergängliche Tao fließt, war für einen „angry young man" wie mich damals überhaupt nicht zu vertreten. Dennoch hat mir dieses kleine Meisterwerk aus dem 7. Jahrhundert vor unserer Zeitrechnung in den folgenden Jahren keine Ruhe gelassen. Ich trug es immer bei mir und konnte mich ihm einfach nicht entziehen. Es fühlte sich wie ein Sog an, dem ich mich immer mehr hingeben musste. Dieses magische und überall vorhandene, fließende Tao gewann immer mehr an Präsenz in meiner Auffassung der Welt.

Das „Tao Te Ching" zählt heute noch zusammen mit der Bhagavad Gita, den Upanischaden und den Werken vom englischen Philosophen und Weisen, Paul Brunton, zu meinen liebsten und inspirierendsten Lektüren.

Mitte der 1970er Jahre kam ich in Berührung mit den Schriften und Ideen vom bis heute noch verkannten Genie Wilhelm Reich. Insbesondere sein mittleres und spätes Werk über Vegetotherapie und die Entdeckung des „Orgons" haben mich fasziniert. Mit dem Begriff „Orgon" meinte Wilhelm Reich just dasselbe wie das Tao, eine durch das Universum und den Menschen fließende Energie / Kraft.

Ein paar Jahre später habe ich selber eine Körperpsychotherapie nach Reich und Gerda Boysen (eine wegweisende Massagetherapeutin aus Norwegen) gemacht und konnte am eigenen Körper erleben, welche energetischen Ströme durch uns fließen und wie sich Blockaden auflösen.

Von den 1980ern bis in den Anfang der 1990er Jahre habe ich Aikido praktiziert und unterrichtet. Hier heißt diese universell fließende Kraft das Ki (auf Chinesisch Chi).

Vor einigen Jahren bin ich auf die Bücher des englischen Philosophen und Weisen, Paul Brunton (1898-1981), gestoßen. Dieser Pionier der Spiritualität hat auf seiner Suche nach der Wahrheit viele Länder, vor allem in Asien, bereist, bis er in Ramana Maharshi seinen Lehrer gefunden hat. Von 1934 bis in die 50er Jahre des letzten Jahrhunderts hat er Bücher, Artikel, Essays und Notizen über östliche und westliche Philosophie sowie über seine eigene spirituelle Suche geschrieben und veröffentlicht. Danach hat er sich aus der Öffentlichkeit zurückgezogen, aber weiterhin tägliche Notizen verfasst. Ihm war es wichtig, relativ anonym zu bleiben. Er hat keine Schüler angenommen. Seine Notizen wurden posthum ab 1984 zusammengetragen und thematisch in 16 Bänden aufbereitet. Heute sind sie für jeden auf der Webseite der „Paul Brunton Philosophic Foundation" zugänglich. Sie bilden eine immense Quelle der Inspiration für uns alle, die wie er die ultimative Wahrheit über unsere Existenz erfahren wollen. In gewisser Hinsicht ist das vorliegende Buch eine Hommage an diesen kleinen, bescheidenen Mann, verknüpft mit der Hoffnung, dass sein Lebenswerk im deutschsprachigen Raum bekannter wird.

Viele der Ideen und Erfahrungen, die ich hier beschreibe, sind also nicht neu. Sie sind zum Teil von Lehrern ganz unterschiedlicher spiritueller Richtungen, denen ich auf meinem persönlichen Weg „begegnet" bin, übernommen worden. Ich schreibe zwar aus der Sicht des Hatha-Yoga, fühle mich aber auch anderen spirituellen Wegen, die letztendlich alle zu einer und derselben Quelle zurückführen sollen, ebenso verpflichtet. Die verwendeten Namen und Begriffe sind nur manchmal unterschiedlich.

Ich hoffe dennoch sehr, dass ich all diese Ideen und Erfahrungen getreu wiedergebe und sie bei meinen Schüler*innen und sonstigen Leser*innen genauso „zünden" wie einst bei mir. Ich habe versucht, sie in Relation zur täglichen Praxis, sowohl auf der Matte als auch im Alltag, zu sehen und zu vermitteln. Vor allem ist mir dabei bewusst, dass das hier vermittelte Wissen zwar durch mich niedergeschrieben wurde, mir aber keineswegs alleine gehört.

Ich möchte mich an dieser Stelle bei denjenigen bedanken, die mir in vielen Gesprächen geholfen haben, diese Ideen zu präzisieren, insbesondere Andreas Buhr für den Vergleich mit dem Hausmeister und Schuldirektor, Ute Busch-Bernard für ihre große Motivationshilfe und Friedel Knoch für das akribische Korrekturlesen.

Mein ganz besonderer Dank gilt Dr. Shrikrishna Bhushan Tengshe aus Mumbai und Dr. Bettina Bley vom Rosenwaldhof in Brandenburg. Ohne diese zwei wunderbaren Personen wäre dieses Buch nicht möglich gewesen.

Lehrer zu sein ist für mich ein großes Privileg, beinhaltet aber gleichzeitig eine Pflicht. Dort sind die vielen Lehrer*innen, noch lebendig oder schon verstorben, die einen bislang mit ihrem Wissen und ihrer Erfahrung bereichert und beglückt haben. Und hier sind die eigenen Schüler*innen, denen man sich verpflichtet fühlt und denen man helfen möchte, ihren **eigenen** Erkenntnisweg zu gehen.

Ohne Schüler*innen gibt es keine Lehrer, und ohne Lehrer gibt es keine Schüler*innen. Es ist sozusagen ein endloses Kontinuum. Richtig verstanden helfen sie sich gegenseitig.

Aus diesem Gefühl der Dankbarkeit für die vielen inspirierenden Lehrer*innen einerseits und Schüler*innen andererseits biete ich nun dieses Buch an und wünsche allen viele neue, und vor allem **erlebte** Erkenntnisse auf ihrem Weg durch dieses Leben.

EINLEITUNG

Wie eingangs beschrieben, ist dieses Werk für jene gedacht, die gerade anfangen, sich nicht nur mit der Körperpraxis, sondern auch mit dem historischen und philosophischen Hintergrund des Hatha-Yoga intensiver auseinanderzusetzen.

Manche, die tiefer in die indische spirituelle Philosophie einsteigen möchten, werden vielleicht ein wenig enttäuscht sein, weil ich diese hier ganz kurz skizziere. Wer sich mehr in diese Richtung informieren möchte, dem kann ich die ausgezeichneten Werke „Die kleine Yoga-Philosophie", von Anna Trökes, und „The Deeper Dimension of Yoga" von Georg Feuerstein empfehlen, um nur zwei zu erwähnen.

Trotzdem ist meine Hoffnung, dass auch diese Leser*innen neue Impulse und Aspekte entdecken, die es ihnen ermöglichen, in ihre körperliche und meditative Praxis noch tiefer einzutauchen.

Ich habe auch zum großen Teil auf viel Sanskrit bewusst verzichtet, da dies das Lesen unter Umständen erschwert hätte. Außerdem begreife ich Yoga als eine spirituelle Disziplin, die universell ist und sich auch durch Parallelen in unseren Traditionen im Westen beschreiben lässt. Wenn man die Schriften von Hildegard von Bingen oder Meister Eckhart liest, um nur zwei Selbstrealisierte aus unseren eigenen Breitengraden zu nennen, sieht man, dass die Essenz des Yoga sich nicht auf Indien alleine reduzieren lässt.

Außerdem, wie gerade im Vorwort erwähnt, haben wir im Lebenswerk von Paul Brunton eine fast unerschöpfliche Quelle von spiritueller Weisheit, die das Beste aus Ost und West miteinander verbindet.

In den kommenden Kapiteln möchte ich eine ungewöhnliche Reise vornehmen: vom Körper zum Überselbst. Wie mit allen Reisen gibt es die Gefahr, dass man unterwegs stehen bleibt. Eventuell ist es dort, wo man gerade ist, zu schön um weiterzureisen; oder die Hindernisse, die man überwinden muss, sind zu schwierig, und man gibt auf; oder man hat ganz einfach den eigenen Weg verloren und ist irgendwo angekommen, wo man gar nicht hinwollte.

So oder so hat man das große Bild aus den Augen verloren. Damit uns das aber nicht passiert, werde ich immer wieder an den einzelnen Stationen unterwegs an den Grund für unsere Reise erinnern. Die Zitate von Paul Brunton werden uns außerdem begleiten und uns zur Orientierung dienen.

Die Reise beginnt mit der Frage, was Hatha-Yoga genau ist und welcher Sinn sich für den Menschen des 21. Jahrhunderts dahinter verbergen könnte.

YOGA ALS ERKENNTNISWEG

Was genau ist Hatha-Yoga?

Laut dem Philosophen und Yoga-Historiker Georg Feuerstein, gibt es mindestens 40 Formen des Yoga, 39 davon haben aber nichts mit Körperübungen zu tun. So stellt sich die Frage, was der eigentliche Sinn von der Yogaform, die hauptsächlich aus Körperübungen besteht, nämlich Hatha-Yoga, wirklich ist.

In einem der klassischen Texte zu Hatha-Yoga, der Hathapradīpikā (manchmal auch Hathayoga Pradīpikā genannt), (datiert ca. 1350 -1550), schreibt der Autor und Yogi Svātmārāma, dass der Körper systematisch vorbereitet wird, indem er durch diverse Techniken (Pranayama, Kriyas, Mudras, Bandhas) gereinigt und vorbereitet wird. Dazu gehören auch Körperhaltungen (sogenannte Asanas). Ziel dieser Asanas ist aber nach Svātmārāma die Vorbereitung auf die Ausübung des Raja-Yoga (der Königsweg).

Raja-Yoga ist laut Svātmārāma der Weg nach innen durch die Meditation und die Vereinigung mit dem Universellen Geist - aus yogischer Sicht unsere wahre Natur, unser Selbst.

In den Worten von Svātmārāma:
„Weder Hatha (Yoga) kann ohne Rajayoga vervollkommnet werden, noch kann Rajayoga erreicht werden, ohne

Hatha (Yoga) zu praktizieren. Daher sollte man beide praktizieren, bis das Stadium von Nispatti (erreicht ist).“[1]

Er geht noch weiter und sagt:
„Diejenigen, die keinen Erfolg in Rajayoga anstreben, sind reine Hatha-Praktizierende. Ich halte die Arbeit dieser strebsamen Aspiranten für fruchtlos.“[2]

Hatha-Yoga ist also ein spiritueller Weg und reiht sich in die abertausende spirituellen Wegen ein, die die Menschheit in ihrer langen Geschichte entwickelt hat, um sich wieder mit dem Universellen Geist zu vereinen. Er eignet sich insbesondere für Menschen, die Körperbewegung als eine Möglichkeit der Hingabe an den Universellen Geist begreifen und als solches praktizieren wollen.

Wie zeitgemäß ist Hatha-Yoga?

Um diese Frage zu beantworten, müssen wir zwischen Hatha-Yoga als Ausgleichssport und Hatha-Yoga als spirituelle Disziplin unterscheiden.

In unserer modernen, lauten und hektischen Welt eignet sich Hatha-Yoga ausgezeichnet als ein willkommener Ausgleich. Er hilft, müde Glieder zu straffen, das Herz-Kreislauf-System in Schwung zu bringen, sorgt für Entspannung und Erholung. Für fast jede Person ist inzwischen eine eigene Stilrichtung vorhanden, von Power-

Yoga über Kundalini-Yoga bis hin zu Aerial-Yoga. Die Vielfalt des Angebots steigt beinahe täglich.

Dies hat aber recht wenig mit Hatha-Yoga zu tun, wie es sich über die Jahrhunderte entwickelt hat. Dank neuester Recherchen durch Mark Singleton in seinem Buch, „Yoga Body - The Origins of Modern Posture Practice", wissen wir, dass es keine ununterbrochene Tradition von den mythischen Anfängen des Hatha-Yoga mit Gorakṣa Nātha und seinem Lehrer Matsyendra Nātha (9. oder 10. Jahrhundert) bis zum heutigen Tag gibt. Ganz im Gegenteil. Hatha-Yoga wurde über die Jahrhunderte immer wieder neuen Einflüssen ausgesetzt und hat sich ständig verändert. Vor allem im 19. und 20. Jahrhundert wurde es sehr stark von der aus den USA und Deutschland nach Indien importierten Fitnesskultur, vom Bodybuilding und von europäischen militärischen Programmen der Körperertüchtigung beeinflusst.

In den beiden klassischen Texten des Hatha-Yoga, Hathayoga Pradīpikā und Gheraṇḍa Saṁhitā, werden nur 16 bzw. 32 Asanas erwähnt. Die Idee, dass Hatha-Yoga Hunderte, wenn nicht gar Tausende Asanas hatte, ist genauso unschlüssig wie die absurde Behauptung, dass der Sonnengruß (sūryanamaskār) vor Tausenden von Jahren in den vedischen Schriften erwähnt wird. Der Sonnengruß ist laut den Recherchen von Mark Singleton[3] eine Erfindung um den Anfang des 20. Jahrhunderts herum durch den Rajah von Aundh, Pratinidhi Pant, der selber passionierter Bodybuilder war. Die allermeisten Asanas, die heutzutage praktiziert werden, sind höchstwahrscheinlich 100 bis 150 Jahre alt und stammen weitest gehend aus einer Verschmelzung mit den oben erwähnten Systemen der Fitness und der Körperertüchtigung.

Auch wenn der moderne körperorientierte Hatha-Yoga eher eine eklektische Ansammlung von diversen Quellen darstellt, ist er als entspannender und wohltuender Ausgleich zu unserer leistungsorientierten Gesellschaft des 21. Jahrhunderts eindeutig sehr hilfreich.

Wenn man aber im Hatha-Yoga eine spirituelle Disziplin sucht, steht man vor vielen Fragen. Wie wurde Hatha-Yoga zum Beispiel früher praktiziert? Was genau ist Kundalini, und wie wird sie genau aktiviert? Wieso unterscheiden sich die Schulen in der Anzahl und Ortung der Chakren? Wie wird Pranayama richtig ausgeführt? Diese und ähnlichen Fragen werden wir wahrscheinlich nie richtig beantworten können, da die überlieferten Hatha-yogischen Schriften in einer sehr verschlüsselten und teilweise rätselhaften Sprache verfasst wurden. Sie lassen unzählige Interpretationsmöglichkeiten zu. Außerdem, wie schon erwähnt, gibt es heutzutage keine ununterbrochene Tradition aus jenem Zeitalter, die uns die Schriften in ihrer wahren Bedeutung aufschlüsseln könnte.

Auch wenn wir keinen unmittelbaren Zugang zur ursprünglichen Ausführung des Hatha-Yoga haben, können wir jedoch aus den Schriften indirekt herauslesen, wie intensiv die Praxis gewesen sein muss. Allein das Üben von *pañcadhāraṇā*, wie es in der Gheraṇḍa Saṁhitā[4] beschrieben wird, würde zum Beispiel 10 Stunden in Anspruch nehmen. Hinzu kommen die diätetischen und vielfältigen asketischen Vorschriften. Die Yogis von damals hatten keine Kinder zu versorgen, keinem Beruf nachzugehen, keine alternden Eltern zu pflegen. Sie waren Vollzeit-Yogis, die sich zum Ziel gesetzt hatten, in dieser Inkarnation den Durchbruch zur göttlichen Urnatur zu schaffen, komme, was wolle. Nicht umsonst kann das Sanskrit Wort „*hatha*" als „kraftvoll", „energetisch", „aggressiv" bis hin zu „gewaltsam" übersetzt werden.[5]

Wenn man dies alles im Hinblick auf unsere moderne Welt berücksichtigt, kommt man schnell zum Ergebnis, dass Hatha-Yoga mehr Fragen aufwirft als Antworten liefert und als **praktikable** spirituelle Disziplin für einen Menschen des 21. Jahrhunderts eher ungeeignet ist.

Dies muss aber nicht bedeuten, dass die Hatha-yogischen Praktiken, maßvoll ausgeführt, komplett aus unserer spirituellen Disziplin verschwinden müssen. Es geht eher darum, dass diese Praktiken, insbesondere die Körper- und Atemarbeit, dem ursprünglichen Sinn dienen, nämlich der Öffnung des Körpers von innen als Vorbereitung auf die Meditation. Dabei können wir uns zusätzlich auf die Erkenntnisse westlicher Pioniere wie z.B. Wilhelm Reich, Gerda Boysen und Paul Brunton sehr gut stützen, um unsere spirituelle Praxis zu ergänzen und zu vertiefen.

Bevor wir uns jedoch dem Thema Praxis und diesen Pionieren widmen, lohnt es sich, einen kurzen Überblick über das Thema Spiritualität aus yogischer Sicht zu geben, damit wir den Gesamtkontext besser verstehen, in dem sich unsere körperliche Praxis abspielt.

HATHA-YOGA IM PHILOSOPHISCHEN KONTEXT

Bevor wir anfangen, uns der Philosophie hinter allen Yogaformen zuzuwenden und uns bewusst zu machen, wie unterschiedlich der Osten und der Westen die Welt sehen, ist es wichtig, zwei zentrale Begriffspaare zu klären.

1. Körper / Geist oder eher Körper / Kopf?

Wenn vom Körperlichen und vom Nicht-Körperlichen die Rede ist, spricht man im Deutschen normalerweise von „Körper" und „Geist".

Den Begriff „Körper" verwenden wir, wenn wir vom „Lebensgebilde" mit all seinen Knochen, Muskeln, Sehnen, Faszien und inneren Organen jeglicher Art einschließlich unseres Gehirns sprechen.

Aus yogischer Sicht jedoch gehört etwas zum Körper dazu, was im Gegensatz zum Körper selbst nicht unmittelbar materiell erfassbar ist. Es ist quasi virtuell, eine Art persönliche Daten-Cloud mit all unseren Erinnerungen, Gewohnheiten, Ängsten, Neigungen, Abneigungen, vergangenen Gefühlen, Tagträumen, Projektionen in die Zukunft etc.

Im Englischen gibt es hierfür den schönen Begriff „Mind". Im Deutschen passen Worte wie „Verstand", „Intellekt", oder „Geist" aus diversen Gründen nicht. Das „Ich" und das „Ego" sind eher durch die Psychologie besetzt.

Wenn wir uns aber den Begriff „Kopf" genauer anschauen, sehen wir, dass er auch im Sinne von „Mind" benutzt wird. Populäre Redewendungen wie die folgenden verraten uns den übertragenen Sinn des Wortes.

Hier ist nur eine kurze Auswahl solcher Redewendungen, die zeigen, was gemeint ist:

• Er macht sich immer einen Kopf

• Lass' den Kopf nicht hängen

• Dafür habe ich keinen Kopf

• Den Kopf (nicht) verlieren

• Das hältst du im Kopf nicht aus!

• Den Kopf in den Sand stecken

• Einen kühlen / klaren Kopf bewahren

• Mit dem Kopf durch die Wand

  und der eindeutigste Begriff von allen
• Das Kopfkino

Hier ist also nicht der anatomische und äußerliche Kopf gemeint. Diese Redewendungen werfen vielmehr ein Licht auf jenen nicht fassbaren, inneren Kopf, der irgendwo im Hintergrund rattert und uns die ganze Zeit mit seinen immer wiederkehrenden Gedankenschleifen okkupiert. Der Körper wie auch dieser virtuelle, innere Kopf zusammen gehören zum Menschen und bilden eine untrennbare Einheit, die *Körper-Kopf-Einheit*.

Der Begriff „Geist" hingegen deutet im Deutschen auf etwas Universelles hin und bezeichnet alles, was jenseits dieser Körper-Kopf-Einheit liegt, was es sozusagen transzendiert, aber letzteres gleichzeitig beinhaltet.

Nun kommen wir zum zweiten Begriffspaar, das es zu klären gilt.

2. Materie und Energie

Seit der Aufklärung im 16. Jahrhundert und seit dem schicksalhaften Wirken des französischen Philosophen, René Descartes (1596-1650), der Körper und Geist/Seele voneinander trennte, wird seitdem in der „westlichen" Sicht der Dinge der Körper als „leblose/inaktive" Materie angesehen. Insbesondere in der westlichen Medizin wird er zum Teil immer noch als ein inaktiver Gegenstand gesehen, den man mit Chemikalien in Form von Medikamenten und mit Instrumenten aller Art extern manipulieren, aufschneiden oder sonst wie beeinflussen kann. Der Kopf in der Körper-Kopf-Einheit wurde viel später durch die Vorläufer der Psychoanalyse und durch Sigmund Freund und seine Kollegen und Kolleginnen als ein ICH definiert und wird genauso wie in der herrschenden Medizin ebenfalls extern-mechanistisch betrachtet.

Im Yoga hingegen wird die Körper-Kopf-Einheit als ein zusammenhängendes, energetisches Gebilde gesehen. Der Körper besteht aus grobstofflicher Energie, während der Kopf aus feinstofflicher Energie besteht.

Was ist mit grobstofflicher / feinstofflicher Energie gemeint und warum sprechen wir von Energie und nicht von Materie? Der Körper besteht doch schließlich aus Materie in Form von Knochen, Gewebe, Muskeln etc. Und unser Kopf ist zwar nicht materiell, aber kann man ihn wirklich als Energie bezeichnen?

Dies führt uns jetzt zur wesentlichen Frage: Was ist überhaupt Materie und existiert sie in Wirklichkeit?

Im Laufe der Wissenschaftsgeschichte der letzten zwei Jahrhunderte hat man immer wieder versucht, die sogenannte „Materie" einzukreisen und einzufangen. Die Vorstellung war, und zum Teil ist sie es immer noch, dass die Welt aus kleinsten materiellen Bausteinen besteht, die es nur zu entdecken gilt. Doch jedes Mal, wenn es aussah, als hätte man die kleinsten Bausteine der Materie ausfindig gemacht, wurde wieder klar, dass es noch kleinere gab. Wie ein Regenbogen und der darunter befindliche Goldschatz verschwand die Hoffnung, die Bestandteile

der Materie zu entdecken, je näher man an sie heran-
rückte.

Seit der Quantenmechanik in den 20er Jahren des letzten
Jahrhunderts wissen wir, dass es auf der allerkleinsten
subatomaren Ebene unmöglich ist, vorherzubestimmen,
ob sich die elektromagnetische Energie, die man dort an-
trifft, dafür „entscheidet", sich als Welle oder Teilchen zu
materialisieren, bis man hinschaut. Außerdem sind diese
Teilchen bzw. Wellen, bis sie sich „entscheiden", nicht in
Zeit und Raum lokalisierbar. Sie sind bloße Wahrschein-
lichkeiten, sogenannte Potenzialitäten und nicht in unserer physisch-materiellen Welt manifestiert.

Am Ende löst sich unsere scheinbar so feste materielle
Welt in fließende, nicht vorhersehbare, weder in Zeit
noch Raum ortbare Energie auf, je näher man sie sich anschaut.

In den spirituellen Traditionen des Ostens geht man hingegen von einem **absoluten Bewusstsein** aus, das sich
aus für uns Menschen unerklärlichen Gründen in Energie
und schließlich in Materie manifestiert. Für sie ist alles
ein kosmisches Spiel von manifestiertem und nicht-ma-
nifestiertem **Bewusstsein**.

Spätestens seit der Quantenphysik kommen sich diese
zwei völlig konträren Weltsichten näher. Die „westliche"
Sicht der Dinge fängt bei der sogenannten Materie an und

endet in fließender, unvorhersehbarer und nicht-manifestierter Potenzialität. Die „östliche" Sicht der Dinge fängt jedoch beim nicht-manifestierten Bewusstsein an, das sich immer mehr verdichtet, bis unsere Sinne und unser Kopf sie als externe Materie wahrnehmen.

Der ganz große und alles entscheidende Unterschied zwischen diesen beiden Weltsichten besteht aber darin, dass die „westliche" Sicht Energie immer noch als leblos und inaktiv ansieht, während die östliche" Sicht Energie als bewusst wahrnimmt.

Nach der „östlichen" Sicht besteht daher alles Existierende, sichtbar wie unsichtbar, aus **bewusster** Energie und ist in unterschiedlichen Schwingungsfrequenzen, also verschiedener Dichte zusammengesetzt. Genauso wie Eis, Dampf und Wasser ein und dasselbe Element in unterschiedlicher Dichte sind, so besteht alles Sichtbare und Unsichtbare aus Energie in unterschiedlichen Schwingungsraten. Diese alles Existierende durchdringende Energie heißt in der Yogatradition Prana, in der chinesischen Tradition Chi und in der japanischen Tradition Ki, (In der westlichen Tradition finden wir denselben Gedanken im „Odem" in der Bibel oder „élan vital" des französischen Philosophen Henri Bergson oder „Orgon" von Wilhelm Reich). Demnach bestehen unser grobstofflicher Körper und unser feinstofflicher Kopf aus Prana, das in unterschiedlichen Schwingungsfrequenzen pulsiert.

Alles ist also Bewusstsein. Hinter allem Wahrnehmbaren (dem Kosmos, der Welt der Phänomene, der Schöpfung, der Existenz - egal wie man es bezeichnet) gibt es ein bewusstes System, eine leitende Gesetzmäßigkeit, ein kosmisches Gesetz, ein Dharma, einen universellen Geist, ja sogar einen Gott, falls wir diesen Begriff favorisieren. Nur mit dem Unterschied, dass dieses Allumfassende jenseits von Namen und Formen liegt.

Aristoteles hat es zwar im letzten Buch der Physik (Buch VIII) und im Vorfeld seiner Theologie (Buch XII der Metaphysik) den „unbewegten Beweger"[1] genannt und Meister Eckhart gab ihm den Namen „die unbewegliche Abgeschiedenheit"[2]. Aber, im Grunde gibt es dafür keinen Namen. Namen sind wie Henkel an einer Tasse; sie sind zwar sehr praktisch, sagen aber nichts über den Inhalt aus. Unsere Sprache ist auch nicht in der Lage, ES zu beschreiben. Nicht umsonst heißt die erste Strophe eines der Haupttexte des Taoismus, des „Tao Te Ching": „Das TAO, das sich benennen lässt, ist nicht das ewige TAO."[3]

Dieses absolute Bewusstsein, von allem (auch von Prana) unberührt, ist unsere göttliche Urnatur, unser Urgrund, unser wahres Selbst, die grenzenlose Stille, die Leere jenseits von Zeit und Raum, jenseits von Namen und Formen. Man kann nur sagen: ES IST.

Für unsere Zwecke nennen wir ES ab jetzt in Anlehnung an den englischen Weisen und Philosophen Paul Brunton

„**das Überselbst**", wohl wissend, dass auch dies nur ein Platzhalter für etwas ist, was sich nicht benennen lässt.

„Es gibt in jedem einzelnen Wesen einen Punkt, an dem sich das Menschliche und das Göttliche verbinden müssen, an dem das kleine Bewusstsein des Menschen sich tief verneigt vor dem Universellen Geist, der sein letzter Ursprung ist, oder fast unmerklich darin aufgeht. Es ist unmöglich, diesen Schnittpunkt mit irgendwelchen Begriffen zu beschreiben, die ihn adäquat bestimmen werden, aber er kann benannt werden. In der Philosophie ist er das Überselbst."

Paul Brunton

DAS ÜBERSELBST - UNSERE WAHRE NATUR

Unsere ozeanische Tiefe

Im vorhergehenden Kapitel haben wir von der Trennung von Körper und Geist durch René Descartes gesprochen. Damit wurde uns ein Weltbild beschert, das uns bis heute noch beschäftigt. Danach bestehen die Welt und folglich auch der Mensch aus Materie, die man extern manipulieren und verändern kann. Daher der Begriff „materialistisches Weltbild". Die Welt und der Mensch werden außerdem als Maschinen betrachtet. Daher auch der Begriff „mechanistisches Weltbild".

Durch dieses materialistisch-mechanistische Weltbild hat das Leben keinen Sinn jenseits der reinen Materie. Dass es „etwas Anderes" geben kann, was diese Welt und den Menschen übersteigt (d.h. transzendiert), passt nicht in dieses Weltbild. Wir werden geboren und wir sterben. Das Leben hat sonst keine Bedeutung. Deswegen sollten wir das Beste daraus machen und lieber die „1001 Orte" besuchen, die man immer besuchen wollte, bevor es zu spät wird. Der Aspekt des Spirituellen, wie er sich in Begriffen wie Seele wiederfindet, spielt hier keine Rolle mehr.

Zum großen Glück löst sich diese trostlose Weltsicht langsam auf. Wie wir gesehen haben, entpuppt sich die sogenannte Materie als eine Fiktion, je näher man an sie heranrückt. Viele der Quantenphysiker wie z.B. Max Planck, Niels Bohr, David Bohm, Fritjof Capra sind schließlich selber durch die Ergebnisse ihrer Arbeiten spirituell geworden.

Der Weg des Yoga ist ein Weg zurück zu unserer wahren Natur und zum Einswerden mit dem Überselbst.

Was ist das Überselbst und warum sagen wir, dass es unsere wahre Natur ist?

Um dies besser zu verstehen, müssen wir uns gedanklich auf eine Reise in die Tiefe des Ozeans begeben.

Dort, ganz tief unten, herrschen Dunkelheit und eine perfekte Ruhe und Stille. An der Oberfläche hingegen herrscht eine unruhige Betriebsamkeit. Phänomene wie

Wellen, Stürme, Winde, Sonne sorgen für immer wechselnde Zustände. Nichts bleibt konstant. Alles ist in Bewegung. Alles ist vergänglich.

Beide, die ruhige Tiefe und die betriebsame Oberfläche, sind zwar miteinander verbunden, aber die wahre Quelle der betriebsamen Oberfläche ist die Ruhe und Stille in der Tiefe des Ozeans. Nur, wenn man hinuntertaucht, wird es einem bewusst. Solange man an der Oberfläche weilt, ist man überzeugt, dass die betriebsame Oberfläche alles ist und es nichts anderes als das gibt.

Ein anderes Beispiel für die Verbindung zwischen unserem Alltagsselbst und dem Überselbst liefert uns der spätmittelalterliche christliche Theologe und Weise, Meister Eckhart. In einer seiner Predigten[1] beschreibt er ein Türblatt und eine Türangel. Das Türblatt bewegt sich hin und her, während die Türangel unbeweglich bleibt. Beide sind unzertrennlich miteinander verbunden. Die Bewegung des Türblattes ist jedoch nur wegen der unbeweglichen Türangel möglich. Sie ist die ruhende Mitte der Bewegung, ohne dass sie sich selber bewegt.

Auch wenn Analogien nur begrenzt dienlich sind, um spirituelle Angelegenheiten zu beschreiben, helfen uns diese Beispiele trotzdem zu verstehen, was unsere wahre Natur, das Überselbst, ist und vor allem, wo wir sie finden bzw. nicht finden.

Tief in uns allen, sozusagen in unserer ozeanischen Tiefe (bzw. an der Türangel), ist eine innere Präsenz, die ruhig, still, ewig und unvergänglich ist. Sie ist stiller Zeuge von all den Vergänglichkeiten, die sich an unserer betriebsamen Oberfläche (bzw. in den Bewegungen des Türblattes) abspielen und ist trotzdem davon unberührt. Diese innere Präsenz teilen wir mit allen und mit allem. Sie ist universell. Sie ist unsere wahre Natur. Das, was wir gewöhnlich für unser Selbst halten, unsere Persönlichkeit, ist lediglich eine winzige, eingeschränkte und konditionierte Ausformung dieses Überselbst.

Jedes Mal, wenn wir uns zum Beispiel mit gefalteten Händen vor dem Herzraum grüßen, sagen wir uns im Inneren: Das Überselbst in mir grüßt das Überselbst in dir. Wir sind nicht getrennt. Wir glauben es nur, weil wir mit unserem persönlichen Selbst an der Oberfläche unseres Seins weilen, statt in der Tiefe unsere wahre Natur zu sein.

Der Name, den wir dieser inneren Präsenz geben, ist jedoch völlig unwichtig. Worte sind nicht imstande, sie adäquat zu beschreiben. Sie ist ohne Namen und ohne Form. Jenseits von Zeit und Raum. Deswegen wird sie in einigen indischen Traditionen einfach als ES oder DAS betitelt. In anderen Traditionen heißt sie z. B. Brahman, Puruṣa, Shiva, Īśvara, reines Bewusstsein. In wieder anderen Traditionen heißt sie Gott, Jahwe, Allah, Dao, Seele etc. Wie wir oben gesehen haben, beschrieb sie Meister

Eckhart z.B. als „die unbewegliche Abgeschiedenheit"
und Aristoteles als den „unbewegten Beweger".

Gemeinsam haben aber alle Traditionen und Bezeichnun-
gen, dass hier ein Absolutes beschrieben wird, was unser
Urquell, unser Urgrund ist.

Im Lukas Evangelium (Lk 17,21) sagt Jesus: „Das Reich
Gottes ist in Euch." Damit ist unser Urquell gemeint, und
gleichzeitig wird für uns der Weg dorthin angedeutet.

Um nämlich den Weg dorthin zu finden, müssen wir uns
Klarheit über die falsche Identifikation mit den Vergänglichkeiten an der betriebsamen Oberfläche unserer Existenz, insbesondere mit unserem Körper verschaffen und
uns vielmehr mit unserer inneren Präsenz, mit dem
Überselbst identifizieren.

Hatha-Yoga ist einer der vielen Wege, die die Menschen
erfunden haben, um dies zu verwirklichen.

Im nachfolgenden Kapitel wenden wir uns dem Unterschied zwischen der betriebsamen Oberfläche und der
stillen Tiefe im Herzen des Hatha-Yoga zu.

„Du hast einen Körper, aber das wirkliche Du ist nicht physisch. Du hast einen Intellekt, aber das wirkliche Du ist nicht intellektuell. Du hast Emotionen, aber das wirkliche Du ist nicht emotional. Was bist Du dann? Du bist das unendliche Bewusstsein des Überselbst."

Paul Brunton

DAS PARADOX DES HATHA-YOGA

Hatha-Yoga ist ein einziges Paradoxon!

Auf der einen Seite sieht es so aus, als würde es um den Körper gehen.

Aber im Grunde geht es nicht um den Körper. Es geht darum, den Körper zu transzendieren, indem man am Körper und am Körperlichen nicht mehr anhaftet.

Jede Form des Yoga benutzt ein Mittel, ein Vehikel, um den spirituell Suchenden näher an sein Ziel zu bringen, nämlich die Erkenntnis und Verschmelzung mit dem Überselbst. Jnana-Yoga (manchmal auch „Gnana" geschrieben) z.B. benutzt den Intellekt, Bhakti-Yoga setzt Emotionen und Gefühle ein, Mantra-Yoga das Mantra und das Wissen um den heiligen Klang OM etc.

Im Hatha-Yoga wird der ganze Körper eingesetzt. Er wird anatomisch gedehnt und energetisch gereinigt. Dies geschieht nicht als Selbstzweck, sondern als Vorbereitung und Öffnung für das lange Sitzen in der Meditation. Wer Hatha-Yoga praktiziert und im Laufe der Zeit immer stolzer auf die Schönheit seiner Bewegungen und die Kraft und Gelenkigkeit seines Körpers wird, verwechselt das Mittel mit dem Ziel. Er oder sie haftet dadurch eventuell noch mehr an diesem vergänglichen Gebilde aus grobstofflichem Prana, dem Körper.

Wie wir schon gesehen haben, identifizieren wir uns fälschlicherweise mit der betriebsamen Oberfläche unserer Existenz, d.h. mit dem Vergänglichen und nicht mit dem unvergänglichen Überselbst, das wir in Wirklichkeit sind.

Eins der größten Hindernisse auf dem Weg zur Erkenntnis unserer wahren Natur ist unser Glaube, dass wir unser Körper sind. Wir haften sozusagen an dieser festen Überzeugung so sehr, dass wir unsere dahinter liegende wahre Natur ausblenden. Wir bleiben sozusagen am Körper hängen und gehen nicht weiter. Wir schaffen es nicht, den Körper zu transzendieren und uns für das Dahinterliegende zu öffnen.

Wie drückt sich diese Anhaftung am eigenen Körper aus?

Wenn man sagt, man **hat** Kleidung, aber man **ist** nicht die Kleidung, versteht man es sofort. Wenn man sagt, man **hat** einen Beruf, aber man **ist** nicht dieser Beruf, ist es für manche schon schwieriger, die Trennung realistisch zu vollziehen. Aber rein rational versteht man es auch. Wendet man aber diesen Satz auf den Körper an, wird man mit allgemeinem Unverständnis belohnt. Aber genauso ist es: Man **hat** einen Körper, man **ist** aber dieser Körper nicht.

Wo im Körper sitzt dieser stille Beobachter, dieser Zeuge, der alles wahrnimmt und den wir unsere Persönlichkeit, unser Ich nennen? Im rechten Zeh, am linken Ellbogen, etwa in der Leber oder im Hals? Vielleicht in unserem immens komplexen Organ namens Gehirn? Ist unser Bewusstsein also eine Frage von elektrischen Strömungen, Enzymen, Hormonen oder vielleicht eine Kombination all dieser materiellen Phänomene? Nein, unser Bewusstsein, dieser Zeuge und stille Beobachter, kann niemals seinen Sitz im Gehirn oder sonst irgendwo im Körper haben.

Was uns befeuert und uns ausmacht, findet man vergeblich im Körper. Wir glauben, ein Körper zu sein und hoffen eine Seele zu haben, während wir eigentlich in Wirklichkeit eine Seele sind, die sich in einem Körper materialisiert hat.

Der Körper ist das Fenster des Überselbst in diese Welt hinein. Genauso wie bei einem Fenster tritt Licht nur hinein, wenn das Fenster gereinigt und klar ist. Aus diesem Grunde wird Hatha-Yoga häufig als ein Weg der Reinigung bezeichnet. In diesem Sinne wird unser Körper (einschließlich Kopf) durch Hatha-Yoga gereinigt, damit man die Weiterreise nach innen antreten kann. Deswegen sollten wir uns um den Erhalt und die Pflege unseres Körpers liebevoll (nicht selbstverliebt) kümmern. Er ist unser Tempel, mittels dessen wir den Weg zurück zu unserer wahren Natur, dem Überselbst, finden können. Indem wir uns immer mehr von der Illusion lösen, dass wir unser Körper sind, und stattdessen unsere wahre innere Natur annehmen, lassen wir zu, dass sich das Überselbst in unserem grobstofflichen Körper und in unserer materiellen Welt ausbreitet. Ein Zustand des Einsseins mit jedem und allem tritt in Erscheinung.

Im nächsten Kapitel kommen wir zum eigentlichen Thema im Yoga, egal welche Form man praktiziert: der innere Kopf.

DER KOPF IM HATHA-YOGA

Wer kennt das nicht: dieses ständige Rattern des Kopfes? Wie eine Kuh käuen wir Vergangenes immer wieder. Wenn wir uns die Mühe machen und die Wirkungsweise unseres Kopfes genau und über längere Zeit beobachten, sehen wir auch, dass die Akteure sich zwar manchmal abwechseln, aber die Themen dieselben bleiben. Wenn wir nicht mit Vergangenem in all seinen Formen beschäftigt sind, projizieren wir selbiges in die Zukunft und machen uns Sorgen darüber, was alles sein könnte. Selten geht es uns dabei gut. Vor lauter Wiederkäuen und Grübeln vergessen wir, warum wir überhaupt hier sind, nämlich jetzt zu leben.

Der Dalai-Lama hat gesagt: „Es gibt nur zwei Tage im Jahr, an denen man nichts tun kann. Der eine heißt gestern, der andere heißt morgen. Also ist heute der richtige Tag zu lieben, zu glauben, zu handeln und vor allem zu leben".

Wenn man sich Menschen in der Straßenbahn oder an einer Bushaltestelle, alleine im Café oder beim Einkaufen anschaut, sieht man manchmal in ihren Gesichtern denselben leeren Blick. Man sieht ihnen förmlich an, dass „keiner zu Hause" ist, dass sie in ihrem wundervollen Kopfkino unterwegs sind.

Das Leben findet aber jetzt statt, nicht im Kopf, weder in der Vergangenheit noch in der Zukunft. Die Vergangenheit ist vorbei. Sie kann nicht geändert werden, und die Zukunft hat noch nicht stattgefunden. Wir wissen nicht, was kommt. Das einzige Reale ist hier in diesem Augenblick. Aber wenn man in seinem Kopf unterwegs ist, verpasst man den jetzigen Augenblick.

Nur wird man vielleicht sagen: „Was habe ich davon, ständig in der Gegenwart zu sein, wenn das Kopfkino mich mit so spannenden Helden und Schurken, Abenteuern und Ausflügen lockt?" Alle erdenklichen menschlichen Gefühle und Schicksale spielen sich im eigenen Kopf ab, und das frei Haus! Das Kopfkino bietet uns alles an Unterhaltung an, womit kein Streaming-Dienst der Moderne konkurrieren könnte. Wir sind Helden, Opfer, Missverstandene, Geschundene, Siegreiche, Rachesuchende, Vergebende, ja, sogar Spirituelle. Dieses Kaufhaus der wechselnden Identitäten hält alles vor, was wir jemals gebrauchen könnten.

Abgesehen von der Tatsache, dass ein Leben im Hier und Jetzt einem ein Mehr an Lebensgefühl gibt und dass die Entscheidungen, die man dadurch trifft, unverfälschter, ungefilterter und realitätsnäher sind, ist die Gegenwart der einzige „Ort", wo man den Kontakt zum Überselbst aufnehmen kann. Nicht in der Vergangenheit, und auch nicht in der Zukunft. Das Kopfkino mit all seinen Verlockungen lenkt aber von dieser potenziellen Begegnung ab.

Vielleicht hilft eine weitere Analogie: Wir kennen alle den Hausmeister alten Stils, dem nichts entgeht und an dem keiner vorbeikommt. Er hält sich für den eigentlichen Chef und plustert sich dementsprechend auf. Das ist unser Kopf.

Der eigentliche Schuldirektor, das Überselbst, jedoch ist leise und bescheiden. Er ruht still in seinem Arbeitszimmer. Er hat uns außerdem etwas sehr Wertvolles zu sagen. Der Hausmeister aber ist so laut und omnipräsent, dass wir die leisen Töne des Überselbst / Schuldirektors nicht mitbekommen.

Auch hier ist die Analogie nur bedingt hilfreich. Aber sie zeigt, wie unser Kopf und seine Wirkungsweise uns daran hindern, zu unserem wahren Selbst vorzudringen. Der Kopf ist zwar eindeutig eine enorme zivilisatorische Errungenschaft, aber er leidet wie potenziell jedes andere „Organ" im Körper auch, womöglich an einer Überfunktion. Wohlgemerkt, es geht nicht darum, ihn zu hassen oder gar zu zerstören, sondern ihn an seine richtige Stelle zurück zu bewegen, damit der Weg für diese wichtige Begegnung mit unserer inneren Präsenz, dem Überselbst, frei wird.

Mit der Frage, warum es uns so schwerfällt, immer im Hier und Jetzt zu sein und den Kopf zur Ruhe zu bringen, kommen wir zur nächsten Station unserer Reise.

PRÄGUNGEN IM KÖRPER UND IM KOPF

Samskaras

Wie wir festgestellt haben, ist die Gegenwart der einzige „Ort", wo man das Überselbst erleben bzw. mit ihm verschmelzen kann.

Was hindert uns aber daran, immer „hier" zu sein? Welche Mechanismen sowohl im Körper als auch im Kopf halten uns von der Wahrnehmung der Gegenwart fern? Welche Hemmnisse existieren?

Patanjali, Yogi und Verfasser des „Yogasutrā", bezeichnet diese Hemmnisse als *saṃskāras*, auf deutsch „Prägungen".

Auch wenn Patanjali mit *saṃskāra* ein Hemmnis auf geistiger Ebene auf dem Weg nach innen durch die Meditation gemeint hat, lässt sich das Konzept des *saṃskāra* auch sehr gut auf Hemmnisse auf körperlicher Ebene übertragen.

Hier kommen die Erkenntnisse von zwei Pionieren ins Spiel: Wilhelm Reich (1879 - 1957) und Gerda Boysen (1922 - 2005). Wilhelm Reich hat mit seiner Vegetotherapie den Grundstein der modernen Körperpsychotherapie gelegt, die Gerda Boysen mit ihrem Ansatz über Massagetherapie weiterentwickelte.

Beide vereinte die Entdeckung, dass das freie Eintreten und Zirkulieren von Lebensenergie (Prana in der Yogatradition) durch körperliche und geistige Verspannungen behindert wird, die wir uns im Laufe des Lebens angeeignet haben bzw. die uns durch unsere Sozialisierung auferlegt wurden. Wilhelm Reich hat sie als „Panzer" bezeichnet, sowohl auf der körperlichen Ebene („Körperpanzer") als auch auf der geistigen Ebene („Charakterpanzer"). Die Wahl des Begriffs „Panzer" ist deswegen so treffend, weil man die Verformung und Versteifung im Körper und Verzerrung im Kopf förmlich spüren kann. Durch diese chronisch gewordenen Verspannungen sind wir nicht mehr in der Lage, die Innen- und Außenwelt realitätsgetreu wahrzunehmen. Wie durch Prismen und Filter nehmen wir einen winzig kleinen Ausschnitt aus der Realität wahr und bauen uns unsere eigene Version dieser unendlich weiten Realität zurecht. Es gibt zwar zwischen uns Menschen gewisse Überschneidungen in der Form von gesellschaftlichem Konsens, aber der Großteil unserer Wahrnehmung als Mensch ist individuell und notgedrungen verzerrt.

Als wäre das nicht genug, sind auch noch unsere fünf Sinne von Natur aus extrem eingeschränkt. Sie können nur eine sehr enge Bandbreite auf dem Spektrum dessen, was wahrnehmbar ist, empfangen. Schlangen können z.B. Infrarot sehen, Hunde hören Frequenzen jenseits unseres Gehörs, Walfische können bis zu 1.200 km unter Wasser miteinander kommunizieren. Wir Menschen sind wie ein Radioempfänger, der nur eine einzige Station empfangen kann. Es gibt sozusagen: Rauschen, Rauschen, Rauschen, „Radio Mensch", Rauschen, Rauschen, Rauschen.

Diese doppelte Einengung unseres Wahrnehmungspotenzials, natürlich wie auch sozialisiert, führt dazu, dass wir unter „normalen" Umständen die Realität nicht wahrnehmen können, wie sie wirklich ist.

Yoga, und insbesondere Hatha-Yoga, gibt uns die Möglichkeit, diese körperlichen und geistigen Hemmnisse und Prägungen langsam, behutsam aufzulösen, so dass sich unsere Wahrnehmung allmählich erweitert und Raum für das Unbekannte, das Überselbst geschaffen wird. Es geht aber dabei nicht um eine andere oder neue Wahrnehmung, sondern um die Erweiterung unseres bestehenden Wahrnehmungs-potenzials. Je länger und intensiver wir in der Gegenwart bleiben, desto offener sind wir für die Begegnung mit dem Überselbst.

Wodurch wird diese spirituelle Begegnung aber möglich und welche Rolle spielen hierbei der Körper und die Atmung im Hatha-Yoga? Diesen Fragen widmen sich die zwei folgenden Kapitel.

DIE ROLLE DES KÖRPERS IM HATHA-YOGA

Die Öffnung von innen

Wie wir eingangs festgestellt haben, gibt es mindestens 40 Formen von Yoga, und 39 davon haben nichts mit Körperübungen zu tun. Der ganz besondere Verdienst von unserer besonderen Form des Yoga, Hatha-Yoga, ist die Einbindung des Körpers in die spirituelle Disziplin.

Dies ist aber der Ausgangspunkt und nicht das Ziel. Wie Svātmārāma uns warnt, ist reine Körperarbeit ohne Meditation ein fruchtloses Unterfangen. Wenn wir aber die Arbeit am Körper als eine Möglichkeit begreifen, dem

Körper zu erlauben, sich mit all seinen chronischen Körperprägungen und -panzern **von innen heraus** öffnen zu lassen, sind wir für die anschließende Meditation gut vorbereitet.

Wenn Patanjali in Kapitel II, Vers 47 des Yogasutra von der Notwendigkeit von *"prayatna-śaithilya"* ("Lösen der Anstrengung") spricht, verwendet er nicht die Worte "erzwungene" oder "gewaltsame Anstrengung", sondern sagt uns stattdessen, wir sollten "loslassen". Wir können sicher vermuten, dass Patanjali in seinem Yogasutrā davon ausgegangen ist, dass der spirituell Praktizierende seinen Körper in Vorbereitung auf die Meditation bereits entspannt hat. So gilt *"prayatna-śaithilya"* sowohl für die körperliche Vorbereitung als auch für die Meditation selbst.

Wie öffnet sich aber unser Körper?

Das Symbol der Lotusblüte wird für diese Öffnung des Körpers von innen häufig verwendet. Eine Blüte, egal welcher Art, fängt nicht an den Blütenspitzen an, sich zu öffnen, sondern unten, ganz tief im Inneren. Bevor wir überhaupt die ersten zaghaften Zeichen einer Öffnung der Blüte wahrnehmen, hat sich tief im Verborgenen der noch geschlossenen Blüte viel bewegt. Dann erst fängt die Blüte an, sich von innen und unten her zu öffnen. So gesehen passiert es mit dem menschlichen Körper genauso. Die wahren Veränderungen finden nicht an den

Extremitäten und Oberflächen des Körpers durch äußerliche Dehnübungen statt, sondern tief im Inneren. Erst durch diese innere Entspannung - *prayatna-śaithilya* - weitet sich der Körper von alleine und von innen heraus.

Es geht also nicht darum, dem Körper von außen her eine neue Struktur oder Beschaffenheit aufzuzwingen, indem man die Asanas oder Atemübungen immer tiefer, weiter, länger hält. Es geht darum, den Körper in eine stabile Position zu bringen, in der *prayatna-śaithilya* möglich ist. So werden unbekannte, chronische Verspannungen gelöst, und Prana, welches darin gebunden war, fließt wieder frei.

DIE ROLLE DER ATMUNG IM HATHA-YOGA

Die Atmung fließt frei

Bislang haben wir vom Körper gesprochen, ohne auf die wesentliche Bedeutung der Atmung einzugehen. Aber der Körper und die Atmung sind unzertrennbar miteinander verbunden. Eins ist ohne das andere nicht denkbar.

Hatha-Yoga ist nicht die einzige spirituelle Disziplin, welche die Wichtigkeit der Atmung für die Reise nach innen entdeckt hat. Tai Chi Chuan, Qi Gong und Aikido, um nur einige Beispiele zu nennen, betonen ebenfalls die Atmung. Hatha-Yoga hat jedoch mit seinen vielfältigen Körper-, Reinigungs- und Atemübungen (Asanas, Kriyas und

Pranayama) ein ausgezeichnetes System, um die Atmung in den Mittelpunkt der Praxis zu bringen.

All diese Disziplinen haben eine einfache, jedoch grundlegende Tatsache festgestellt: Wenn der Körper und die Atmung ruhiger werden, wird der Kopf ebenfalls ruhiger. Und wenn die Atmung ruhiger wird, entsteht jenseits der Körper-Kopf-Einheit eine grenzenlose Stille, in der das Überselbst sich manifestieren kann. Dies ist sogar die Voraussetzung dafür, dass das Überselbst überhaupt durchscheinen kann.

Bevor wir jedoch zum positiven Effekt einer ruhigen Atmung auf den Körper und den Kopf kommen können, müssen wir uns mit dem Normalzustand unseres Körpers und Kopfes in einer lauten und hektischen Welt auseinandersetzen, in der wir meistens gestresst, abgelenkt und angespannt sind.

Wir stellen dabei fest, dass unsere Atmung von unserem ratternden Kopf direkt beeinflusst wird. Der Kopf - mit all seinen Gefühlen, Erinnerungen aus der Vergangenheit und Planungen für die Zukunft - hat uns voll im Griff, und dies wirkt sich unmittelbar auf unsere Atmung.

Folgende Übung hilft uns dabei, diese unmittelbare Verbindung zwischen Kopf und Atmung zu verdeutlichen.

Das nächste Mal, wenn du feststellst, dass du Minuten lang in deinem Kopfkino unterwegs warst und daraus in den Alltag wiederauftauchst, spüre mal nach, wie aufgewühlt und eingeengt deine Atmung eventuell geworden ist. Als nächstes beobachte deinen Körper. Wie angespannt fühlt sich dein Körper an: Gesichtszüge, Schultern, Brustkorb bis hinunter zum Beckenboden? Je nachdem, was du alles in deinem Kopfkino erlebt hast, sehen die Atmung und der Körper hinterher dementsprechend verkrampft und angespannt aus.

Wir haben alle irgendwann in unserem Leben die Feststellung gemacht, dass die Emotionen in unserem Kopf eine unmittelbare Wirkung auf unsere Atmung haben. Angst, Zorn, Trauer, Sehnsucht, Wünsche aller Art (aber natürlich auch Positives wie Freude und Liebe) beeinflussen auf unterschiedlichste Art und Weise unsere Atmung und darüber den aktuellen Zustand des Körpers.

Um auf das sehr aufschlussreiche Beispiel mit den Menschen in der U-Bahn oder an der Bushaltestelle zurückzukommen, beobachte ihre Gesichter und ihre Körperhaltung. Du wirst feststellen, dass, während sie in ihrem Kopfkino versunken sind und „keiner zu Hause" ist, sie kaum atmen. Man merkt ihnen an, dass ihre Atmung sehr flach und fast „eingefroren" ist. Ihre Körperhaltung wirkt ebenfalls für den Moment wie eingefroren. Je mehr man andere Menschen in dieser Situation des Eingefrorenseins beobachtet, desto mehr erfährt man über sich selbst. So geht es uns allen, wenn unser Kopf mit uns davonläuft: Wir atmen nicht mehr voll und ganz, und unser Körper gehört für den Moment den Irrungen des Kopfes.

Nun wenden wir uns dem positiven Effekt einer ruhigen Atmung auf unseren Kopf und darüber hinaus auf unseren Körper zu.

Die ganze Yogatradition, nicht nur Hatha-Yoga, welche im Grunde einen schmalen Ausschnitt aus der fast 4000-jährigen Geschichte des Yoga darstellt, ist voll mit Hinweisen auf die Wirkung der Atmung auf unseren Kopf. Ohne hier in die Tiefe gehen zu wollen, finden wir z.B. bei Patanjali und in den Upanischaden reichlich Material zu diesem Thema. Auch die westliche Medizin erkennt inzwischen die positive Wirkung der Atmung auf das vegetative Nervensystem in Form des Parasympathikus.

Egal aus welcher Perspektive heraus wir also die Wirkung der Atmung betrachten, kann sie eindeutig einen beruhigenden, entspannenden und öffnenden Einfluss auf den Körper und den Kopf haben. Allerdings nur, wenn man etwas tut, was man in seinem Leben bisher höchstwahrscheinlich noch nie gemacht hat: innehalten und seine Atmung betrachten. Wir werden in der Familie und in der Schule auf vieles im Leben vorbereitet, aber den engen Zusammenhang zwischen der Atmung und dem Kopfkino hat uns keiner beigebracht. Und dennoch ist es so einfach.

Drei Schritte sind notwendig: 1) aus dem Kopfkino austreten; 2) innehalten; 3) Atem und Körper betrachten. Wenn uns nicht klar ist, dass unser Kopf uns „gehijacked" hat, werden wir nicht auf die Idee kommen, unsere Atmung zu betrachten. Der erste Schritt ist also sich bewusst zu werden, dass wir in unserem Kopfkino unterwegs sind. Ab dem Moment können wir innehalten und aus dem Kopfkino aussteigen. Erst dann ist die Voraussetzung gegeben, unsere Atmung bewusst zu beobachten.

Dann beobachten wir, wie der Atem in unseren Körper hineinfließt und wie er aus dem Körper wieder herausfließt. Wir beobachten ihn so, als würden wir an einem Flussufer sitzen und sehen, wie der Fluss an uns vorbeifließt. Wir treten nicht ein, manipulieren nicht. Wir beobachten nur. Natürlich wird sich unser Kopfkino bald wieder melden und um unsere Aufmerksamkeit buhlen, aber wir kehren einfach zur Atembetrachtung zurück. Immer wieder zurückkehren.

Der Atem fließt also freier. Die Atemwege sind entspannter und offener, der Brustkorb dehnt sich ohne äußerliche Einwirkung von innen heraus, die Lungen füllen sich ungezwungen auf, das Zwerchfell kann sich durch die entspannte Bauchdecke und den entspannten Beckenboden nach unten und nach oben weiter ausdehnen und sein wahres Potenzial erfüllen. Alles weitet sich von innen heraus aus. Das Ergebnis ist, dass unser Kopfkino immer mehr in den Hintergrund rutscht. Je mehr wir üben, desto schneller und tiefer entsteht das Gefühl des "Hier-Seins«, just in diesem einmaligen Augenblick. Nicht in der Vergangenheit, nicht in der Zukunft.

Bislang haben wir jedoch die Atmung als eine Kombination von physischen Organen und Atemwegen gesehen. Wie eine gut geölte Maschine funktioniert die Atmung harmonisch und reibungslos. Um so müheloser läuft sie nun durch unsere bisherige Körperarbeit. Die Luft, die hereingezogen wird und wieder herausgepustet wird, nennen wir „Atem". Der Atem scheint Teil des Körpers und somit Teil der physischen Atmung zu sein, auch wenn er wie Luft nicht direkt sichtbar ist.

Aber ist das so?

Wenn wir die physische Atmung lang und intensiv genug betrachten, kann es sein, dass wir einen Perspektivenwechsel erleben. Wir fangen an, den Atem nicht nur als Teil der physischen Atmung zu sehen, sondern als eine Öffnung zu etwas viel Größerem, das uns Leben spendet. In dem Moment wird aus dem Atemfluss der „Lebensfluss". Wie auf einem Floß lassen wir uns mit dem Lebensfluss vom reinen Körpergefühl wegbewegen und uns hin zur grenzenlosen Stille in uns, zum Unbekannten, zum Überselbst führen. Wir bekommen sogar langsam das Gefühl, dass wir nicht dieser Körper oder die rein physische Atmung sind, sondern der Lebensfluss selbst und das dahinterliegende Mysterium.

Zusammenfassend kann man sagen: Wenn wir möchten, dass das Überselbst in uns zum Vorschein kommt, geht es nur, wenn der Kopf seinen Würgegriff auf den Körper löst und ihm dadurch ermöglicht, sich von innen her zu öffnen. Indem dies geschieht, wird das Gefühl des „Hier-Seins" immer größer. Die Wahrnehmung des Körpers und der Atmung weitet sich aus. Aus einer rein physischen „Atmung" wird ein mysteriöser, wunderschöner „Lebensfluss", der uns vom rein Körperlichen an dem Kopf vorbei zur inneren Stille führt. Der „Lebensfluss" ist also die Brücke, die uns immer wieder zum Überselbst bringt.

Unser weiterer Weg führt uns nun zur wichtigen Station der Einbindung all der beschriebenen Aspekte in die tägliche Praxis.

WIE PRAKTIZIERT MAN?

Yoga 24 Stunden

Wenn man sich - vielleicht nach vielen Jahren der Unentschlossenheit - für eine spirituelle Disziplin egal welcher Art ernsthaft entschieden hat, muss man sich ihr gänzlich widmen. Wie mit allem im Leben führt Halbherzigkeit nicht sehr weit.

Schließlich wird man nicht dazu gezwungen. Die Entschlossenheit, die sich langsam in einem herausbildet, ist eine vollkommen freiwillige. Sie ist eine von innen kommende Sehnsucht nach der Wahrheit hinter den Kulissen des Lebens. Fragen wie diese tauchen allmählich auf: Was für eine Welt ist es wirklich, in die wir geboren wurden? Kann ich meinen Sinnen trauen? Geben sie mir die Realität wieder, so wie sie tatsächlich ist? Wer oder was bin ich in Wirklichkeit? Gibt es die Seele, von der viele Traditionen sprechen? Wenn ja, was ist es? Und natürlich, was ist der Tod überhaupt?

Einige spirituelle Richtungen antworten auf diese vielen Fragen mit dem Glauben. Sie glauben fest an die Wiederauferstehung Jesu Christi oder an ähnliche Glaubenssätze. Ihr Glaube ist so unerschütterlich, dass er sie zur Entdeckung z.B. des Christus-Bewusstseins in sich führen kann.

Andere spirituelle Wege hingegen, zu denen Yoga und Aikido gehören, suchen die Antworten auf diese Fragen durch praktische Erkenntnisse. Sie haben keinen festen Glauben, sondern eine unerschütterliche Neugierde und Sehnsucht nach praktischem Erkennen der Wahrheit. Ein praxisorientiertes Übungssystem führt letztendlich die Praktizierenden nach innen, wo sie in der Meditation die Erkenntnis über die wahre Natur der Realität erlangen können.

In beiden spirituellen Wegarten geht es nicht darum, einen eisernen Willen zu entwickeln und seine vermeintlich „un-spirituellen" Eigenschaften brutal auszumerzen. Solch eine rigide und gnadenlose Askese stärkt nur das Ego, führt womöglich zu schädlichem Dogmatismus und ist letztendlich wenig effektiv.

Vielmehr geht es darum, eine dynamische und konsequente Achtsamkeit zu entwickeln, bei der man sich in jeder Situation vorurteilsfrei und sogar liebevoll beobachtet. Es gilt, die Gegenwart so wahrzunehmen, wie sie in diesem Augenblick ist und nicht so, wie ich sie aus Erinnerungen kenne oder wie ich sie in Zukunft gerne hätte. Dieser Gegenwartsbezug ist von großer Bedeutung.

Für uns Yoga-Praktizierende bedeutet dies, dass wir nicht nur 90 Minuten lang in der Woche Yoga üben, sondern die Erkenntnisse, die wir auf der Matte erlangt haben, in den Alltag einbringen und umgekehrt. Yoga 24

Stunden. Dies ist der entscheidende Unterschied zwischen Yoga als Ausgleichssport und Yoga als ein spiritueller Erkenntnisweg.

Körper- und Atemarbeit in Hinblick auf den eigenen spirituellen Weg erfahren eine neue und tiefe Dimension, wie wir im nachfolgenden Kapitel sehen werden.

DIE KÖRPER- UND ATEMARBEIT

Praktizieren wir, um durch die Asanas dehnbarer zu werden und um immer tiefer, immer weiter zu kommen? Versuchen wir durch unsere Atempraxis die Atmung immer länger zu halten? Das sind lauter Komparative.

Wenn es zum Beispiel bei den Asanas nur um äußerliche Dehnung ginge, könnte man, wie Dr. Shrikrishna Bhushan Tengshe es einmal sehr zutreffend formulierte, ein Fitnessgerät erfinden, mit dem man sie noch effizienter durchführen könnte. Man würde sich in das Gerät einspannen und es so einstellen, dass je nach Asana, Körpergröße, Winkel und Tiefe der Bewegung das Gerät einen selber in das Asana hineinführt. So wie in einem Sportstudio. Wenn es außerdem bei den Asanas nur um Gelenkigkeit und Beweglichkeit ginge, wären alle Schlangenmenschen erleuchtet. Da dies offensichtlich nicht der Fall ist, hat der Weg zur Verschmelzung mit dem Überselbst nur peripher mit Dehnbarkeit und Gelenkigkeit zu tun.

Es geht also nicht primär um äußerliche Dehnung, wenn auch eine gewisse Dehnung für das Einnehmen und Halten einer stabilen Körperposition erforderlich ist. Es geht nicht um Dehnung **per se**, sondern vielmehr um ein qualitatives Loslassen („*prayatna-śaithilya*"), welches eine andere Art der Dehnung ermöglicht: die Dehnung und Öffnung von innen. Der Körper kann sich von innen her wie eine Blüte öffnen. Dafür muss der ganze Körper aber in einer stabilen Position sein. Wie die Statik eines Hauses es einem erlaubt, nicht-tragende Wände hin und her bewegen zu können, so ist es einem möglich, innerlich immer mehr loszulassen, vorausgesetzt, dass die „Statik" des Asanas richtig ist und das Asana für sich alleine steht und sich selber trägt.

Patanjali beschreibt in Kapitel II, 46 - je nach Übersetzung - das ideale Asana als „stabil und angenehm/bequem". Auch wenn er in seinem Yogasutrā mit „Asana" die Körperhaltung bei der Meditation meint, kann man ohne weiteres seine Bemerkungen auf die Asana-Arbeit im Hatha-Yoga übertragen. Um nämlich innerlich loslassen zu können, damit es einem „angenehm/bequem" wird, muss zuerst der Körper in eine feste, „stabile", sich-tragende Position gebracht werden. Die Statik des Asanas muss stimmen.

In der Rückenlage ist dies kein Problem, da der Boden einen trägt und einem die Stabilität gibt, um vollkommen loszulassen. Man braucht in der Rückenlage keine Stabilisatoren. Ab dem Moment jedoch, wo man sich Millimeter um Millimeter vom Boden entfernt, um in andere Haltungen zu kommen, übernimmt die Schwerkraft und wirkt auf den gesamten Organismus. Der Körper muss dann selber für ausgleichende Stabilität sorgen. Die Kunst besteht darin, den Körper in eine stabile Lage zu bringen, ohne dass unnötige, überflüssige Anspannungen im Körper entstehen.

Wie wir oben gesehen haben, ist die Atmung der Schlüssel zum Weg nach innen. Dank der Betrachtung der eigenen Atmung wird sowohl der Körper als auch der Kopf ruhiger und die eigene Wahrnehmung weitet sich aus. Man lässt los. Die Rolle des Asanas ist also, diesen Prozess der inneren Öffnung und des Loslassens vorzubereiten und schließlich zu ermöglichen.

Deswegen ist es beim Praktizieren wichtig, das Asana insgesamt zu analysieren und dadurch festzustellen, welche Körperteile für die Stabilität des jeweiligen Asanas sorgen, so dass man ungehindert atmen kann. Eine ungehinderte, freie Atmung führt zum Loslassen im Inneren des Körpers. Je mehr dies geschieht, desto weiter zieht sich der ratternde Kopf zurück.

Wie fließt der Atem ungehindert?

Der Atem soll an der Nasenspitze vorbei, in die Nasengänge hinein, an den entspannten Gesichtszügen vorbei, an der Kehle vorbei, in die Lungen und tief in den Brustraum hinein frei und ungehindert fließen. Von dort aus findet er seinen Weg ebenfalls ungehindert zurück. Egal in welchem einfachen oder fortgeschrittenen Asana man sich befindet, soll der Atem frei fließen. Dies setzt voraus, dass der Rest des Körpers für Stabilität sorgt, damit der Weg des Atems frei und unverkrampft bleibt.

Nehmen wir als Beispiel *adhomukhaśvanāsana* (der herabschauende Hund). Was sind hier die Körperteile, die für

Stabilität sorgen, damit die Atmung im Inneren des Körpers frei fließen kann?

Betrachtet man die Kräfteverhältnisse im herabschauenden Hund, sieht man, dass die Hände und Füße am Anfang gegeneinander arbeiten: die Hände bzw. die Handinnenflächen schieben den gesamten Körper nach hinten, während die Füße diese Bewegung bremsen. Diese konträren Kräfte erreichen aber einen Punkt (ich nenne ihn den „Nullpunkt"), wo sie sich ausgleichen und das Asana für sich alleine „steht". Man kann es mit der Statik eines Zeltes oder eines Hauses vergleichen. Wenn die Kräfteverhältnisse ausgeglichen und im Nullpunkt sind, ist die Statik perfekt.

Erst jetzt ist es möglich, das Innere des Körpers so zu entspannen und sich weiten zu lassen, dass der Atem frei und ungehindert fließen kann. Die Bauchdecke entspannt man bewusst, was dazu führt, dass sich das Zwerchfell natürlich entfalten kann. Durch die bewusste Entspannung der Schultern kann sich der Brustkorb dynamisch weiten. Schließlich entspannt man Gesichtszüge, Hals und Nacken, was den Weg für den Atem tief in den Brustraum hinein befreit.

Wenn dies alles geschehen ist, suchen wir den Perspektivenwechsel in uns. Wir lassen den Körper und die rein physische Atmung hinter uns und beobachten den Lebensfluss, wie er mühelos durch uns hindurchfließt.

Wenn wir also unsere Körper- und Atemarbeit in allen Asanas, egal wie „kompliziert", auf diese achtsame Art und Weise praktizieren, kommen wir zunehmend zu einem Gefühl von Körperlosigkeit. Uns ist schon bewusst, dass der Körper und die rein physische Atmung da sind, aber unser innerer Fokus ist frei, sich auf den Lebensfluss zu konzentrieren und das in uns entstehen zu lassen, was jenseits des Körpers und der rein physischen Atmung liegt: die innere Präsenz, das Überselbst.

Hierfür bedarf es jedoch beim Praktizieren einer bestimmten geistigen Haltung, die wir im Folgenden genauer betrachten.

„Er² spürt die Gegenwart von etwas Höherem als er selbst, das weise, edel, schön und aller Ehrerbietung würdig ist. Und doch ist es wirklich er selbst - der beste, endlich zur Entfaltung und zum Ausdruck kommende Teil."

Paul Brunton

DIE GEISTIGE HALTUNG BEIM PRAKTIZIEREN

Achtsam praktizieren

Vor nicht allzu langer Zeit habe ich vor meinem Fenster im Wohnzimmer eine Fliege beobachtet. Das Fenster war auf Kippe, und die Fliege flog immer wieder gegen die Fensterscheibe im Versuch herauszufliegen. Was sie nicht sehen konnte, war, dass es sowohl links als auch rechts eine Spalte gab, durch die sie nach draußen hätte fliegen können. Sie hätte nur etwas von der Fensterscheibe zurückfliegen müssen, um diese Spalten wahrzunehmen. Ihr fehlte aber der nötige Abstand. Sie haftete sozusagen an der Fensterscheibe und kam von ihr nicht los.

So geht es uns mit unserem Körper.

„Ich **habe** einen Körper, ich **bin** nicht der Körper."

Wir haften so sehr an der Idee, dass wir der Körper sind, dass wir wie diese Fliege jeglichen Abstand zu ihm verlieren. Wir haften an einem vergänglichen Gegenstand. Dann ist es nur logisch und konsequent, dass, wenn der Körper stirbt (und das wird er früher oder später tun), wir auch damit sterben. Um so mehr Angst wir bei diesem Gedanken empfinden, um so mehr bleiben wir dicht vor der Fensterscheibe und klammern uns an unseren Körper. Krankheit und Altern gilt es dann zu bekämpfen oder zumindest abzumildern. Ein Wettrennen gegen die Zeit, das wir niemals gewinnen können, nimmt seinen unheilvollen Lauf.

Wir kommen aber nicht auf die Idee, zwischen uns und der Fensterscheibe, unserem vergänglichen Körper, Abstand entstehen zu lassen, uns etwas von dieser Fixierung zu lösen. Dann würden wir nämlich sehen, dass das, was wir wirklich sind und uns im Innersten ausmacht, nicht der Körper ist. Wir sind das Unvergängliche, das Überselbst. Wir identifizieren uns leider nur mit dem Falschen.

Wie wir gesehen haben, kann ein achtsames Praktizieren der Körper-und Atemarbeit im Hatha-Yoga uns helfen, das schicksalhafte Anhaften an dem Körper zu überwinden.

Die Voraussetzung hierfür ist eine radikale Veränderung in der geistigen Haltung beim Praktizieren. Solange wir nämlich Hatha-Yoga praktizieren, um ewig jung, attraktiv, gesund, hip und modisch zu sein, werden wir vom Körper nicht loskommen und die tiefere Dimension des Hatha-Yoga nicht entdecken.

Es muss ein Paradigmenwechsel her, ähnlich wie der Unterschied zwischen dem Kunsthistoriker und dem Betenden.

Der Kunsthistoriker betrachtet eine religiöse Statue aus der Expertenperspektive. Er weiß alles über diese Statue: wo, wann und von wem sie angefertigt wurde; welcher Kunstepoche sie zuzuordnen ist; aus welchem Material sie geschaffen wurde etc. Er bleibt aber mit seiner Betrachtung an der Oberfläche. Ein Betender hingegen setzt sich vor die Statue hin und geht beim Beten sozusagen durch die Statue zur dahinter liegenden Essenz hindurch. Die oberflächliche Schönheit dieser Statue ist eher von zweitrangiger Bedeutung. Er bleibt nicht am vergänglichen Äußeren hängen.

So ist es, wenn wir Hatha-Yoga praktizieren. Das Asana wird dadurch zu einer Mini-Meditation, bei der man das Gefühl der persönlichen Körperlichkeit transzendiert. So ist es möglich, sich während des Praktizierens auf die anschließende Meditation vorzubereiten.

Auch wenn die anatomischen Feinheiten des Asanas selbstverständlich stimmen müssen, gehen wir weiter als das rein Physische. Wir bringen den Körper in eine Position hinein, in der er so stabil ist, dass er durchlässig wird und ein inneres Loslassen stattfinden kann. Wenn die ruhige Atmung hinzukommt, weitet sich der Körper von innen aus und damit auch das Bewusstsein. Ein Gefühl von Körperlosigkeit entsteht. Wir nehmen nicht mehr die rein physische Atmung wahr, sondern den Lebensfluss. Er ist ein Wunder und ein Mysterium. Wir fangen an zu ahnen, dass das nicht alles ist, und beginnen allmählich die leisen Vorboten der inneren Präsenz zu erspüren. Mit anderen Worten: Wir geben uns einer höheren Macht, dem Überselbst hin.

Damit kommen wir auf unserer Reise zu der Frage, was die Hingabe an eine höhere Macht für unsere Praxis bedeutet.

„Tief in jedem Menschen verborgen ist ein Wesen, das dem gewöhnlichen Menschen, der er ist, unermesslich überlegen ist."

Paul Brunton

HINGABE AN EINE HÖHERE MACHT

Die drei Hingaben

Wenn wir von „Hingabe" sprechen, meinen wir in der Regel, dass wir uns einer größeren Kraft oder Macht als wir selber ergeben.

Man kann sich aber auch einer Illusion hingeben, und dies ist gewissermaßen unser Schicksal als Mensch. Wie wir gesehen haben, sind wir der Illusion verfallen, dass wir ein Körper sind und dass wir mit diesem vergänglichen Lebensgebilde eins sind.

Wir können aber dank Hatha-Yoga diese Situation umdrehen und uns von dieser Illusion befreien. Indem wir uns bewusstwerden, dass unsere Hingabe eine verkehrte ist und einer Illusion gilt, wachen wir auf und widmen stattdessen unsere Hingabe unserer wahren Natur, dem Überselbst.

Was bedeutet aber genau Hingabe? Wir sagen ganz lapidar: Ich gebe mich der Sache hin. Aber sind wir uns dessen bewusst, was Hingabe eigentlich bedeutet? Gibt es bei der Hingabe zum Beispiel einen gewissen Verhandlungsspielraum? Kann man sich zu **95%** oder sogar nur zu **90%** hingeben? Hingabe, ja, aber...

Die Hingabe kann nur 100%ig sein. Sind wir aber bereit, unser kleines ICH, unseren inneren Kopf, unser Ego zur Seite treten zu lassen, gewissermaßen ein Opfer zu bringen?

Die Hingabe ist wie die Mutterliebe. Sie ist nicht ICH-bezogen und fragt sich nicht: Was bekomme ich, wenn ich mich hingebe? Sie ist bedingungslos.

Die Hingabe geschieht auf unserer Reise vom Körper zum Überselbst auf dreierlei Art und Weise: auf der Ebene der Schwerkraft, des Lebensflusses und des Überselbst.

Die Hingabe des Körpers an die Schwerkraft

Die erste Kraft, der wir begegnen, ist die Schwerkraft. Diese überall vorhandene und unsichtbare Kraft formt unsere Welt und unseren Körper. Inwieweit sind wir jedoch in der Lage, z.B. in unserer Asana-Arbeit, unseren Körper an die Schwerkraft abzugeben? Stehen uns unsere chronischen, körperlichen Verspannungen im Wege? Sperren wir uns vielleicht eher aus Gewohnheit dagegen? Haben wir eventuell Angst, uns wirklich gehen zu lassen?

In den asiatischen Kampfkünsten und vor allem im Taoismus wird das Beispiel eines Bambusblatts im asiatischen Winter zur Verdeutlichung der Hingabe herangeführt.

Das Bambusblatt lädt sich langsam mit Schnee auf. Wenn die Last des Schnees so groß geworden ist, dass das Blatt ihn nicht mehr tragen kann, beugt sich das Blatt der Schwerkraft hin, der Schnee rutscht ab und das Blatt springt erfrischt wieder nach oben.

Da das Bambusblatt kein ICH oder keinen inneren, ratternden Kopf besitzt, kommt es nicht in Konflikt mit der Natur. Es bildet sich zum Beispiel nicht ein, dass es stärker als der Schnee ist und ganz lange aushalten kann, bevor es nachgeben muss. Es hat weder Stolz noch Ehrgeiz noch ein Profilierungsbedürfnis wie wir Menschen. Natürlich-intuitiv beugt sich das Blatt im entscheidenden Moment und gibt sich der Schwerkraft ICH-los hin. Im Taoismus heißt es „*Wu-wei*" und bezeichnet, was in der Yogatradition als „*naish-karmya*" bekannt ist, „Nicht-Handeln". Genauer gesehen ist es ein Handeln ohne das Einmischen des Kopfes, ein ICH-loses Handeln aus einer intuitiven Tiefe jenseits des normalen urteilenden Kopfes.

Die Hingabe der Atmung an den Lebensfluss

Wie sieht es nun mit unserer Atmung aus? Haften wir auch eventuell hier an der Idee „ICH atme"?

Über die Jahre und Jahrzehnte sind auch in unserer Atmung Verspannungsmuster entstanden. Je nach chronischen Einengungen im Rest des Körpers kann die Atmung eventuell nicht frei fließen. Sie erreicht nicht ihr natürliches Potenzial mit lebensgebender und -erhaltender Energie.

Unsere Pranayama-Praxis kann dazu helfen, dass sich die Atmung im Laufe der Zeit *von sich aus* weitet. Genauso wie bei den Asanas ist eine Umkehr vom ICH-getriebenen Üben erforderlich. Man lernt, seine rein physische Atmung an den Lebensfluss abzugeben, ihm das Handeln sozusagen anzuvertrauen. Die notwendige geistige Haltung heißt: „Nicht ich tue etwas, sondern etwas geschieht durch mich". Indem man die eigene Atmung so beobachtet wie einen Fluss, der vorbeifließt, und man nicht eingreift, entsteht auch hier „*naish-karmya*".

Nicht ich atme, sondern ich werde beatmet.

Man lässt die rein physische Atmung frei fließen und gewinnt dadurch den Abstand zum Körper und zum urteilenden Kopf. Dies ist notwendig, um zu spüren, dass durch uns der grenzenlose Lebensfluss fließt, der tiefer als der Körper, tiefer als die rein physische Atmung und tiefer als der Kopf ist. Je ruhiger und selbstbestimmter der Lebensfluss fließt, desto mehr können wir uns dem Überselbst hingeben.

Die Hingabe des Körpers und der Atmung an das Überselbst

Durch unsere achtsame Körper- und Atempraxis sind wir nun für die dritte Hingabe bereit: an das Überselbst. Dies geschieht am besten in der meditativen Sitzhaltung.

„Er wird den wahren Sinn der Meditation verstehen, wenn er versteht, dass er überhaupt nichts tun muss, sondern nur körperlich, geistig und emotional stillsitzen. Denn in dem Moment, in dem er versucht, etwas zu tun, macht er Platz für sein Ego. Indem er innerlich und äußerlich still sitzt, gibt er egoistisches Handeln auf und deutet damit an, dass er bereit ist, sein kleines Selbst dem Überselbst zu überlassen. Er zeigt, dass er bereit ist, zur Seite zu treten und zuzulassen, dass eine höhere Macht ihn bearbeitet, durch ihn handelt und ihn führt."

Paul Brunton

VORBEREITUNG DER MEDITATION

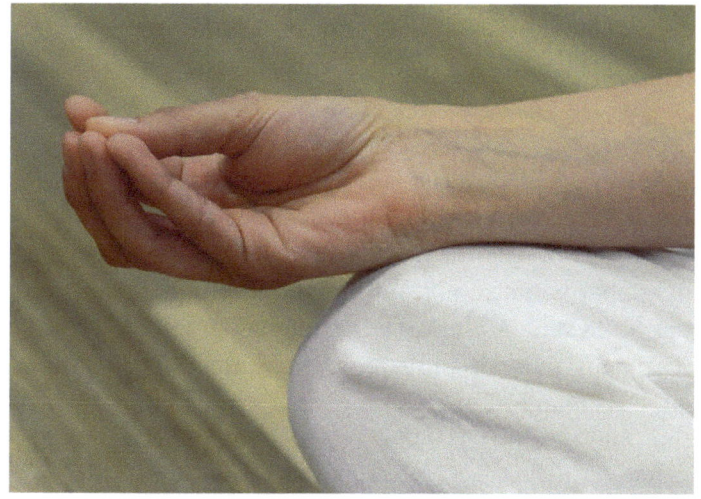

Die Meditation

Nun haben wir uns für die Meditation, diesen Weg nach innen, vorbereitet. Durch unsere Praxis der Hingabe ist im Körper, in der Atmung und - als Konsequenz - im Kopf Abstand entstanden, der sich in der Meditation weiter ausdehnen kann.

Über die Kunst des Meditierens gibt es viele gute Bücher und Anleitungen. Dabei gibt es unzählige Methoden und

Techniken, wie man die innere Sammlung und Konzentration herbeiführt, die dazu dient, den Kopf zur Ruhe kommen zu lassen. Wichtig dabei ist aber, dass die Methode der inneren Sammlung und Konzentration zu einem selber passt. Aus eigener Erfahrung finde ich die Atembetrachtung, in welcher Variante auch immer, dafür sehr effizient.

Wenn wir mit unserer Meditation beginnen, setzen wir uns in eine stabile, und dennoch aufgerichtete und durchlässige Körperhaltung. Dies mag im Lotussitz sein. Es mag aber genauso gut auf einem Meditationsschemel oder Stuhl sein. Außerdem darf man jederzeit die Position wechseln, falls sie unbequem wird. Das Allerwichtigste ist, dass man mit der Haltung des Körpers in der Meditation nicht kämpft. Das Ziel ist es, das Gefühl des Körperlichen zu transzendieren, nicht sich mit ihm umso mehr zu beschäftigen.

Wie bei der Beschreibung der Asana-Arbeit oben bringen wir den Körper in eine Position, in der er sich loslassen kann. Wenn er um die Mittelachse im Lot ist, lassen wir überflüssige Anspannungen im Körper los. Der Körper trägt sich von alleine.

Dann nehmen wir die Außenwelt in allen Einzelheiten wie Geräuschen, Lichtverhältnissen, Luftbewegungen bewusst wahr, um sie dann weiterziehen zu lassen. Die Außenwelt geht weiter. Wir nehmen davon Abstand.

Wir wissen, dass die Außenwelt da ist, aber sie ist nicht mehr im Fokus unseres Bewusstseins.

Stattdessen lenken wir unsere Wahrnehmung auf die äußere Hülle des Körpers um: die Haut, die Konturen des Körpers, den Übergang zur Außenwelt, die Luft an den unbedeckten Körperstellen. Auch hier lassen wir die äußere Hülle des Körpers los und nehmen Abstand.

Wir wissen, dass die äußere Hülle da ist, aber sie ist nicht mehr im Fokus unseres Bewusstseins.

Wir gehen mit unserer Reise zum Inneren des Körpers weiter und nehmen das Innere des Körpers wahr, vom Steißbein entlang der Mittelachse des Körpers hoch zum Scheitelpunkt, um anschließend das Innere des Körpers auch loszulassen.

Wir wissen, dass das Innere des Körpers da ist, aber es ist nicht mehr im Fokus unseres Bewusstseins.

Nun nehmen wir den ganzen Körper wahr und lassen den ganzen Körper weiterziehen.

Wir wissen, dass der ganze Körper da ist, aber er ist nicht mehr im Fokus unseres Bewusstseins.

Stattdessen lenken wir unsere Aufmerksamkeit weiter nach innen zu unserer Atmung, genauer gesagt, zum Lebensfluss. Wir beobachten, wie der Lebensfluss sanft und kühl an der Nasenspitze vorbei, in die Nasengänge, an der Kehle vorbei in die Luftröhre und in die Lungen hineinfließt. Dort erwärmt er sich und findet seinen Weg zurück über die Luftröhre, die Nasengänge und aus den Nasenlöchern wieder heraus. Er fließt frei und ungehindert. Wir verfolgen den Lebensfluss tief in die Lungen hinein und wieder heraus. Keiner weiß, woher dieser Lebensfluss kommt, und genauso wenig weiß man, wohin er fließt. Aber, dieser mysteriöse und wunderschöne Lebensfluss ist immer für uns da. Da ist Verlass darauf.

Nach einer gewissen Zeit (mit Übung spürt man intuitiv den genauen Zeitpunkt) lässt man auch den Lebensfluss hinter sich und geht ins offene Gewahrsein.

Wir wissen, dass der Lebensfluss da ist, aber er ist nicht mehr im Fokus unseres Bewusstseins.

Nun ist der Körper entspannt und aufgerichtet, die gesamte Atmung ist ruhig geworden, so dass der Kopf still geworden ist. Wichtiger noch: Das Bewusstsein ist nirgendwo angedockt. Es ist frei von Anhaftung an der Außenwelt, am Körper oder an der gesamten Atmung.

Wenn dies alles erfolgt ist, kommt es zur eigentlichen Meditation, zum offenen Gewahrsein.

VOM KÖRPER ZUM ÜBERSELBST

Das offene Gewahrsein

Im offenen Gewahrsein geht es darum, die Bedingungen herzustellen, die das Erscheinen des Überselbst begünstigen. Sein Erscheinen können wir nicht erzwingen. Es ist wie ein „scheues Reh", das **nur kommt**, wenn alles still und ruhig geworden ist. Aber einfach hinsetzen und hoffen, dass es erscheint, ist leider auch keine Option.

Das offene Gewahrsein erfordert also von uns Aufmerksamkeit mit gewissen Qualitäten.

Die erste dieser Qualitäten ist **Wachsamkeit**.

Ich bin wachsam und achte darauf, dass mein Kopf mich nicht immer wieder in sein verlockendes „Kopfkino" hineinlockt. Ich kann ihm nicht böse sein; das ist schließlich sein Naturell. Aber ich komme immer wieder zurück in die Gegenwart, indem ich innerlich sage: „Ich bin hier".

Die zweite Qualität im offenen Gewahrsein ist **Geduld**.

Unser Leben ist voller „Um-Zu's": Wir stehen auf, **um** zur Arbeit **zu** gehen; wir gehen zur Arbeit, **um** Geld **zu** verdienen; wir verdienen Geld, **um** etwas **zu** kaufen etc. etc. Alles, was wir im Leben tun, hat eine Absicht, ein „Um-Zu".

Im offenen Gewahrsein jedoch hören alle „Um-Zu's" plötzlich auf. Es gibt nichts zu suchen, nichts zu erzielen, nichts zu erreichen, keinen Weg, keine Methode, keinen Lehrer (außer dem inneren Guru). Nur Absichtslosigkeit. Dazu gehört die Qualität der Geduld. Ich warte ohne Absicht und übe mich in Geduld.

Die dritte Qualität des offenen Gewahrseins, die das Erscheinen der inneren Präsenz, des Überselbst begünstigt, ist **Passivität**. Nicht ich meditiere, Es meditiert mich.

Wie Paul Brunton schreibt: "Wenn er das fast unmerkliche Kommen der Gegenwart des Höheren Selbst spürt, muss er sich augenblicklich in der Kunst des vollkommenen Passivbleibens üben. Er wird entdecken, dass Es in der Tat versucht, ihn zu beseelen, ihn in Besitz zu nehmen, genauso wie ein körperloser Geist ein lebendes Medium in Besitz nehmen soll. Jetzt ist seine Aufgabe rein passiv; sie besteht darin, diesem Unterfangen keinen Widerstand zu leisten, sondern dem Höheren Selbst zu erlauben, ihn möglichst vollständig zu beherrschen. Die vorbereitenden Phasen seines Fortschritts sind vorbei. Bislang waren es hauptsächlich seine eigenen Anstrengungen, auf die er sich verlassen musste. Nun ist es jedoch das Überselbst, das die treibende Kraft in seiner Entwicklung sein wird. Ab jetzt ist das einzige, was von ihm verlangt wird, dass er passiv bleibt. Sonst kann es sein, dass er das heilige Werk durch das Einmischen sei-

nes blinden, arroganten Selbstwillens stört. Sein Voran-
kommen hängt nun nicht mehr vom eigenen Streben
ab..."

Das offene Gewahrsein mit seinen drei Qualitäten ist kein
Schalter, der sich plötzlich umlegt. Ohne regelmäßige
Praxis passiert nicht viel. Je öfter und regelmäßiger man
sich aber zur Meditation hinsetzt, desto leichter lassen
sich die Bedingungen für das Erscheinen des „scheuen
Rehs" herstellen.

Die Meditation (Vorbereitung und offenes Gewahrsein) ist
ein fortwährender Prozess des Loslassens, des Sich-im-
mer-mehr-Hingebens.

SCHLUSSWORT

Wir sind nun einen langen Weg gemeinsam gegangen. Angefangen bei der Frage, was genau Hatha-Yoga ist und ob es heutzutage noch als spirituelle Disziplin zeitgemäß ist, über die Art und Weise, wie man praktiziert, bis hin zur ersten zaghaften Begegnung im offenen Gewahrsein mit dem Überselbst.

Als Lehrer kann ich Praktizierende über eine Vielzahl von Wegen von der Anhaftung am Körperlichen bis in die Vorhalle des Überselbst begleiten. Genauso ist es mir mit meinen vielen inspirierenden Lehrer*innen, denen ich für immer dankbar bin, ergangen. Den weiteren Teil dieser wunderbaren Reise zu unserer Urnatur, dem Überselbst, müssen wir jedoch **alle** alleine gehen.

Ich kann mir keinen passenderen Abschluss vorstellen, als mit einem weiteren Zitat aus den großartigen Notizbüchern von Paul Brunton zu schließen und allen, die mit mir durch dieses Buch gereist sind, alles Gute auf ihrer weiteren Reise zum Überselbst zu wünschen:

"Das Überselbst unterliegt weder einer Entwicklung noch einem Fortschritt. Dies sind Aktivitäten, die zu Zeit und Raum gehören. Es ist nirgendwo in der Zeit und nirgendwo im Raum. Es *ist* **hier**, in dieser tiefen, schönen und alles durchdringenden Stille, dass der Mensch seine wahre Identität findet."

ANMERKUNGEN

Yoga als Erkenntnisweg

1   Sw. Digambarji/Kokaje: Hathapradipika of Svatmarama, S. 68

2   ebenda, S. 162

3   Singleton, Mark: Yoga Body - The Origins of Modern Posture Practice, S. 124

4   Sw. Digambarji/Dr. Gharote: Gheranda Samhita, S. 90 f.

5   Burley, Mikel, Hatha Yoga, S. 15

Hatha-Yoga im philosophischen Kontext

1   Wikipedia, Stichwort „unbewegter Beweger" (eingesehen am 9. Juni 2020)

2   Mieth, Dietmar: Meister Eckhart - Einheit mit Gott, S. 88

3   Feng, Gia-Fu/English, Jane: Tao Te Ching - Lao Tsu. S. 3. Übersetzung des Autors selbst.

Das Überselbst - unsere wahre Natur

1   Mieth, Dietmar: Meister Eckhart - Einheit mit Gott, S. 92

LITERATUR

Brunton, Paul: Realizing Soul. New York 2015

Brunton, Paul: The Short Path to Enlightenment. New York 2014

Brunton, Paul: Notebooks Category 2: Overview of Practices Involved, Chapter 9; Conclusion; #30

Burley, Mikel: Hatha Yoga. München 2005

Sw. Digambarji/Dr. Gharote: Gheranda Samhita. Lonavla 1978

Sw. Digambarji / Kokaje: Hathapradipika of Svatmarama. Lonavla 1970

Feng, Gia-Fu/English, Jane: Tao Te Ching - Lao Tsu. New York 1972

Feuerstein, Georg: The Deeper Dimension of Yoga. Boston/London 2003

Mieth, Dietmar: Meister Eckhart - Einheit mit Gott. Ostfildern 2014

Singleton, Mark: Yoga Body - The Origins of Modern Posture Practice, New York, 2010

Trökes, Anna: Die kleine Yoga-Philosophie. München 2013

ENDNOTEN UND ABBILDUNGEN

Endnoten

1   Alle Zitate sind mit freundlicher Genehmigung des
    Verlags "Larson Publications" und der „Paul Brun-
    ton Philosophic Foundation".

2   Paul Brunton schrieb zu einer Zeit, als es gebräuch-
    lich war, in der männlichen Form zu schreiben.
    Seine Schriften sind aber für alle gemeint, die sich
    zu ihm hingezogen fühlen.

Abbildungen

Umschlagabbildung:	Devanath, Pixabay
Seite 31:	A Owen, Pixabay
Seite 47:	Arzthangqingfeng, Pixabay
Seite 50:	Mylene2401, Pixabay
Seite 66:	SofieZborilova, Pixabay
Seite 77:	Raimund Feher, Pixabay

MIX

Papier | Fördert
gute Waldnutzung

FSC® C083411

Zeitfracht Medien GmbH
Ferdinand-Jühlke-Straße 7
99095 Erfurt, Deutschland
produktsicherheit@kolibri360.de